北京奥运城市发展促进会倾情呈现

北京奥运遗产漫画绘本

探秘北京冬奥会

雪舞崇礼

谢　军 / 总主编　　鹿志海 / 主编

中国少年儿童新闻出版总社
中国少年兒童出版社
北　京

北京冬奥知多少

冬季奥林匹克运动会简称冬季奥运会或冬奥会，是由国际奥林匹克委员会主办的世界性冬季项目运动会；冬季残疾人奥林匹克运动会简称冬残奥会，由国际残疾人奥林匹克委员会主办。

2022 年 2 月 4 日和 3 月 4 日，第 24 届冬奥会和第 13 届冬残奥会将分别在北京开幕，北京成为迄今为止世界上唯一既举办过夏奥会，又举办冬奥会的城市。

北京 2022 年冬奥会、冬残奥会一共有 3 个赛区，分别是北京赛区、延庆赛区和张家口赛区。

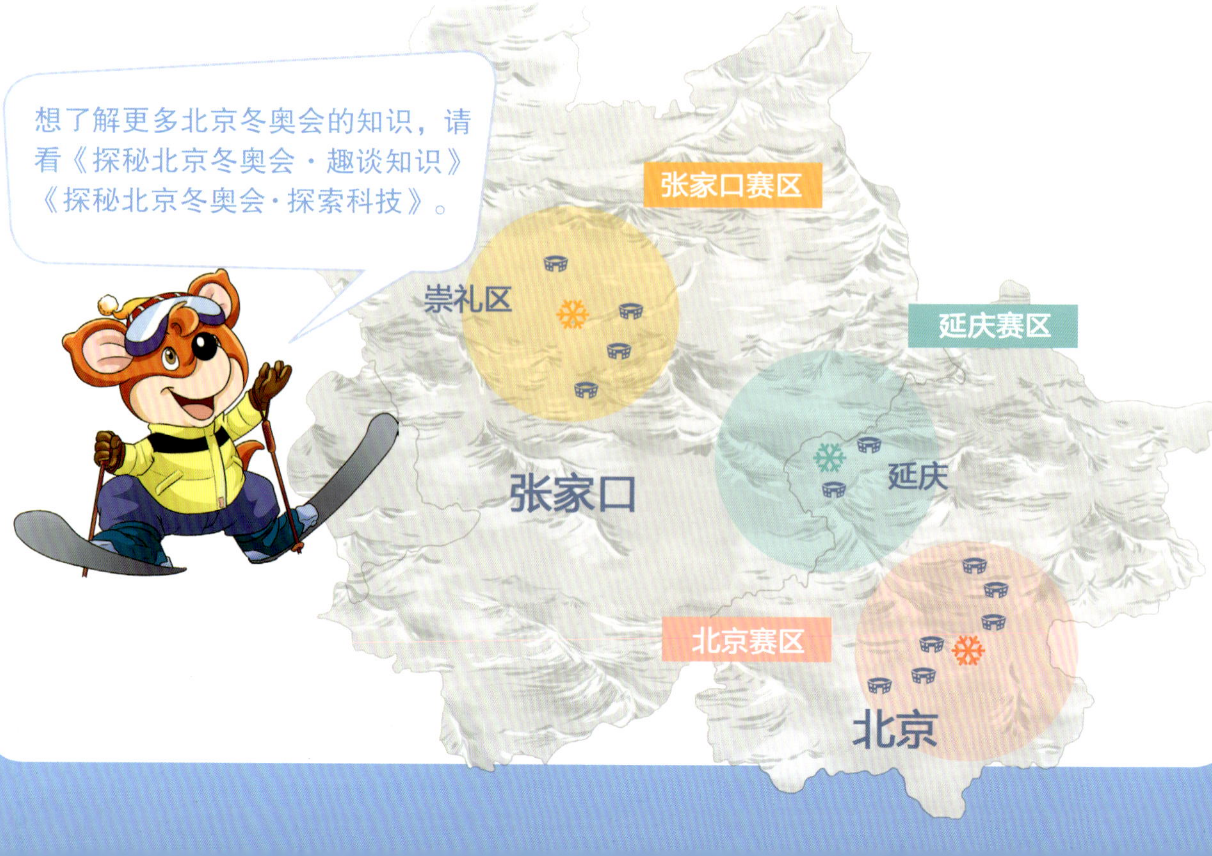

目录

张家口赛区概况

张家口赛区在哪里？

北京 2022 年冬奥会的张家口赛区设在河北省张家口市东北部的崇礼区，这里建有国家越野滑雪中心、国家跳台滑雪中心、云顶滑雪公园和国家冬季两项中心共 4 个比赛场馆，将产生北京 2022 年冬奥会 109 枚金牌中的 51 枚，均为雪上项目。

崇礼为什么能成为冬奥会赛场？

冬奥会对赛场条件有一套严格的评估标准，比如降雪期达 4 个月以上的才算优秀。而崇礼的平均降雪期长达 5 个多月，1 月～2 月平均积雪厚度 57 厘米，冬季平均风速 2 级，中低山脉连绵不断，坡度适中。所以，国家体育总局、中国滑雪协会认为，崇礼是“华北地区最理想的天然滑雪区域”，国际奥委会市场开发委员会原主席杰哈德·海博格先生也将崇礼评价为“中国目前最好的能够举办冬季奥运会雪上项目的比赛地点”。

京张高铁已经开通了，坐高铁从北京到崇礼，只需不到 1 小时！

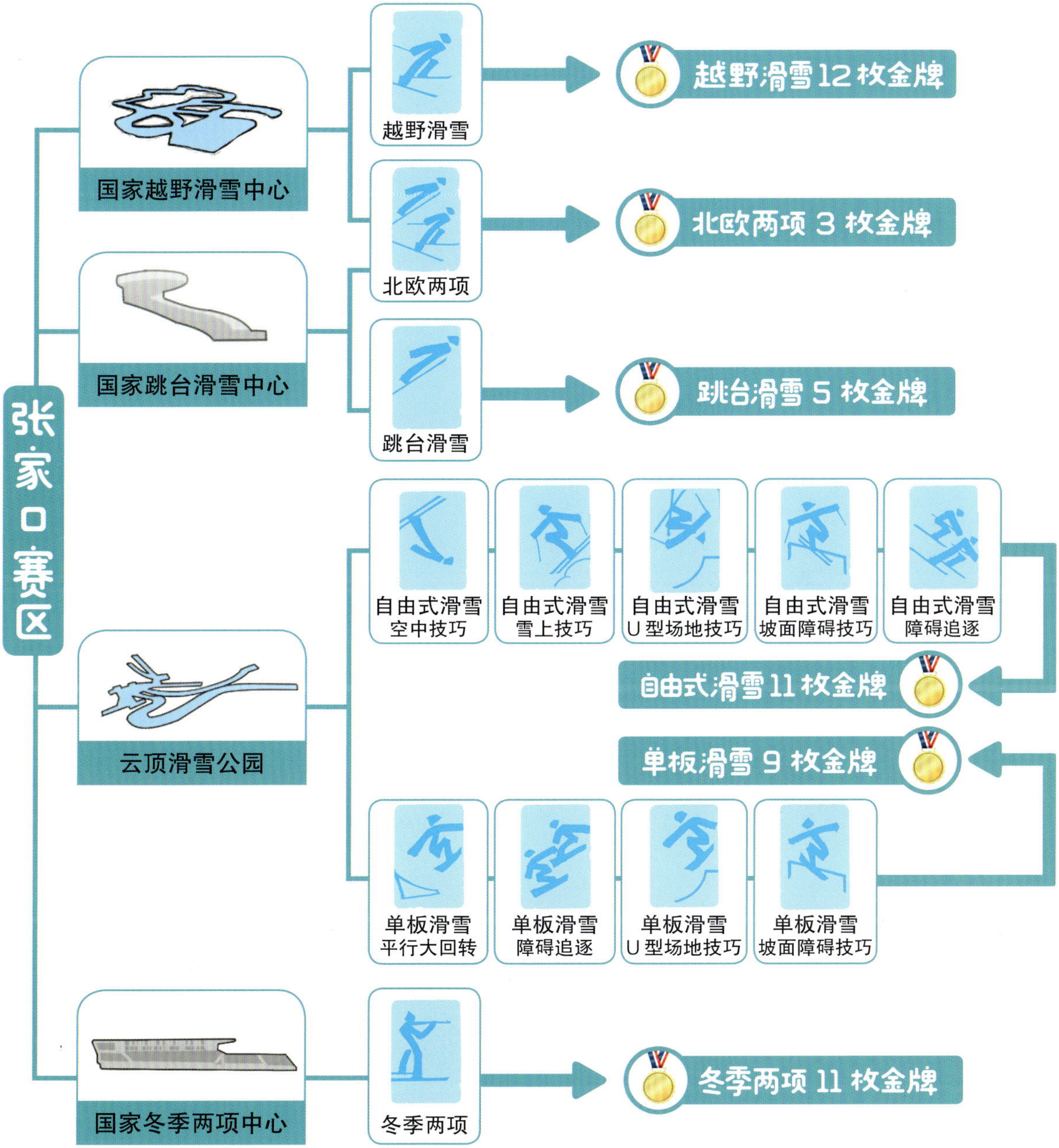
张家口赛区
国家越野滑雪中心
国家跳台滑雪中心
云顶滑雪公园
国家冬季两项中心
越野滑雪
北欧两项
跳台滑雪
越野滑雪 12 枚金牌
北欧两项 3 枚金牌
跳台滑雪 5 枚金牌
自由式滑雪 空中技巧
自由式滑雪 雪上技巧
自由式滑雪 U 型场地技巧
自由式滑雪 坡面障碍技巧
自由式滑雪 障碍追逐
自由式滑雪 11 枚金牌
单板滑雪 9 枚金牌
单板滑雪 平行大回转
单板滑雪 障碍追逐
单板滑雪 U 型场地技巧
单板滑雪 坡面障碍技巧
冬季两项
冬季两项 11 枚金牌

大家好，我是红袋鼠！我们一起到张家口赛区，来一场雪上之旅吧。
大家好，我是火帽子！我最喜欢冰雪运动了。

越 野 滑 雪

项目介绍

越野滑雪是最基础的雪上传统项目，运动员凭借登山、转弯、滑行、滑降等基本技术，滑行于连绵的雪山之间。越野滑雪也是残奥会开展最为广泛的项目之一，从第 1 届冬残奥会开始就被列为正式比赛项目。

按照冬奥会惯例，越野滑雪男子 50 公里、女子 30 公里的颁奖仪式，将在闭幕式上举行，这可是一项特殊的荣誉。

北京 2022 年冬奥会上，越野滑雪比赛共产生多少枚金牌？

男子项目		女子项目	
双追逐（传统技术 + 自由技术各 15 公里）	x1	双追逐（传统技术 + 自由技术各 7.5 公里）	x1
个人短距离（自由技术）	x1	个人短距离（自由技术）	x1
15 公里（传统技术）	x1	10 公里（传统技术）	x1
4x10 公里接力	x1	4x5 公里接力	x1
团体短距离（传统技术）	x1	团体短距离（传统技术）	x1
50 公里集体出发（自由技术）	x1	30 公里集体出发（自由技术）	x1

越野滑雪的场地必须包含哪3种路面？

越野滑雪的赛道宽度通常为4～5米，雪地厚度约30厘米。路线设计要选择森林、山丘等多变地形，尽量自然，避免单调，并且必须包含上坡、平地、下坡这3种路面，每种路面的长度各占总长度的约1/3。这样是为了保证运动员在赛道上完成登山、转弯、滑行、滑降等动作，从技术、技巧、体能等各个方面，比出奥运水平。

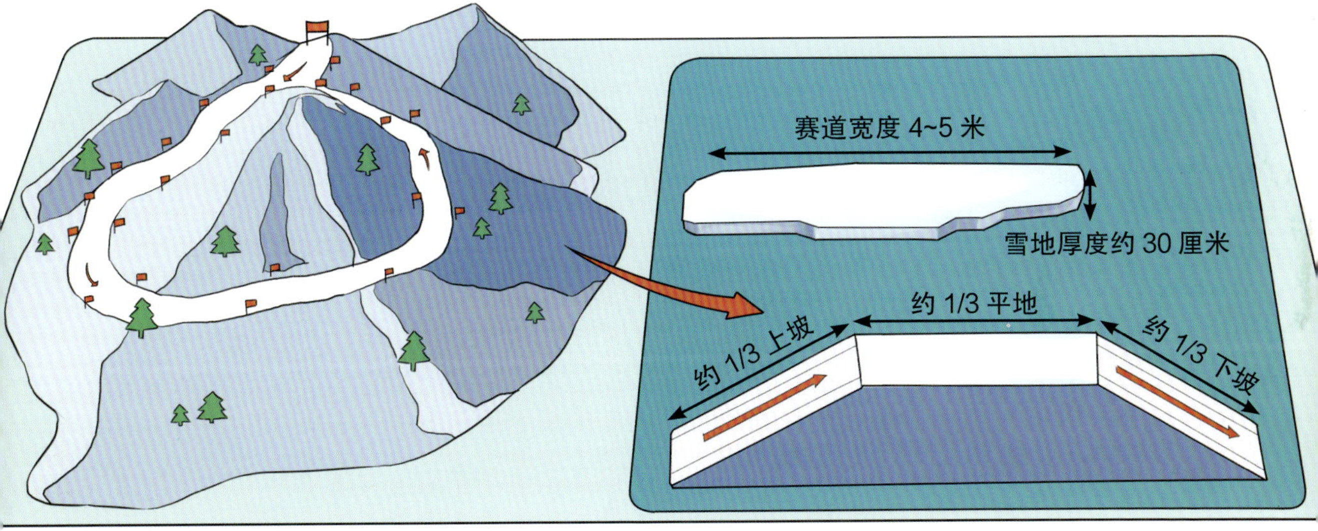

越野滑雪的传统技术和自由技术有什么区别？

越野滑雪的一大特点就是使用传统技术和自由技术进行比赛，那么这两种技术有什么不同呢？

传统技术

传统技术包括双杖推撑滑行、交替滑行、无滑行阶段的八字踏步、转弯以及滑降技术，突出特点是不允许有双脚或单脚的蹬冰动作。

使用传统技术时，赛道上必须提前压制好雪槽，运动员必须将滑雪板放在雪槽内滑行。

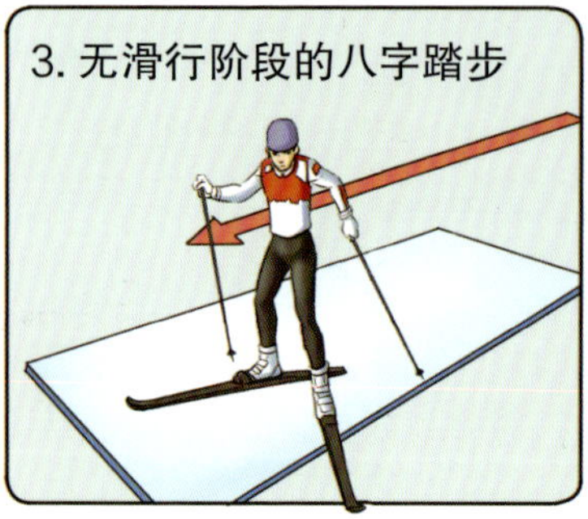

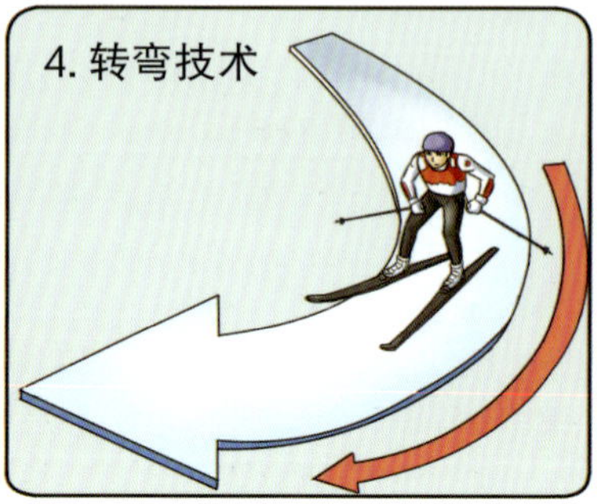

自由技术

自由技术对技术动作没有限制，运动员可以采用包括蹬冰在内的任何技术动作，赛道上也没有雪槽。就像自由泳比蛙泳快一样，使用自由技术不仅比使用传统技术的滑雪速度要快，而且更节省体力。

这种单腿用力向侧后方倾斜 45° 蹬出的动作，就是蹬冰动作。是否可以使用蹬冰动作，是自由技术和传统技术的一大区别哟！

双追逐怎么比？

使用集体出发程序。比赛分为 2 部分，分别使用传统技术和自由技术。运动员滑完第 1 部分后，在指定区域迅速更换滑雪板、滑雪杖等装备，进入第 2 部分比赛，率先抵达终点者获胜。全程不中断计时。

个人短距离怎么比？

第 1 轮为计时赛；决出的前 30 名，分成 5 组进行 1/4 决赛；再决出每组的前 2 名，加上其他 2 个成绩最好的，共 12 名，分 2 组进入半决赛；最终决出每组前 2 名，加上其他 2 个成绩最好的，共 6 名运动员进行决赛，争夺金牌。除第 1 轮为间隔出发之外，后面都使用集体出发程序。

团体短距离怎么比？

每队2名运动员，交替各自滑3圈。2组半决赛的前3支队伍加上其他成绩最好的4支队伍，共10队运动员进入决赛。运动员在比赛当中轮流滑行时，必须遵循正确的交换顺序，不能影响或阻碍其他队。

接力赛怎么比？

使用集体出发程序。每队前2名运动员采用传统技术，后2名运动员采用自由技术。每队4名运动员通过击打背部的方式交接棒，最先抵达终点者为优胜队。

个人计时赛怎么比？

男子15公里、女子10公里比赛，采用间隔出发，运动员出发的时间间隔为30秒。在比赛结束后计算各运动员所用的时间，用时最少的运动员获得冠军。

集体出发赛怎么比？

男子50公里、女子30公里比赛，因比赛线路较长，被称为“冬奥会的马拉松”。采用集体出发程序，最先到达终点的运动员获得冠军。

越野滑雪需要哪些装备?

越野滑雪的服装要保证身体能自如活动，不能太紧身，弹性要好，并且要防风，防水，可以水洗。

选择手套时应注意，新手套要稍紧些，以免后期太松，出现褶皱，导致手上磨出水疱。

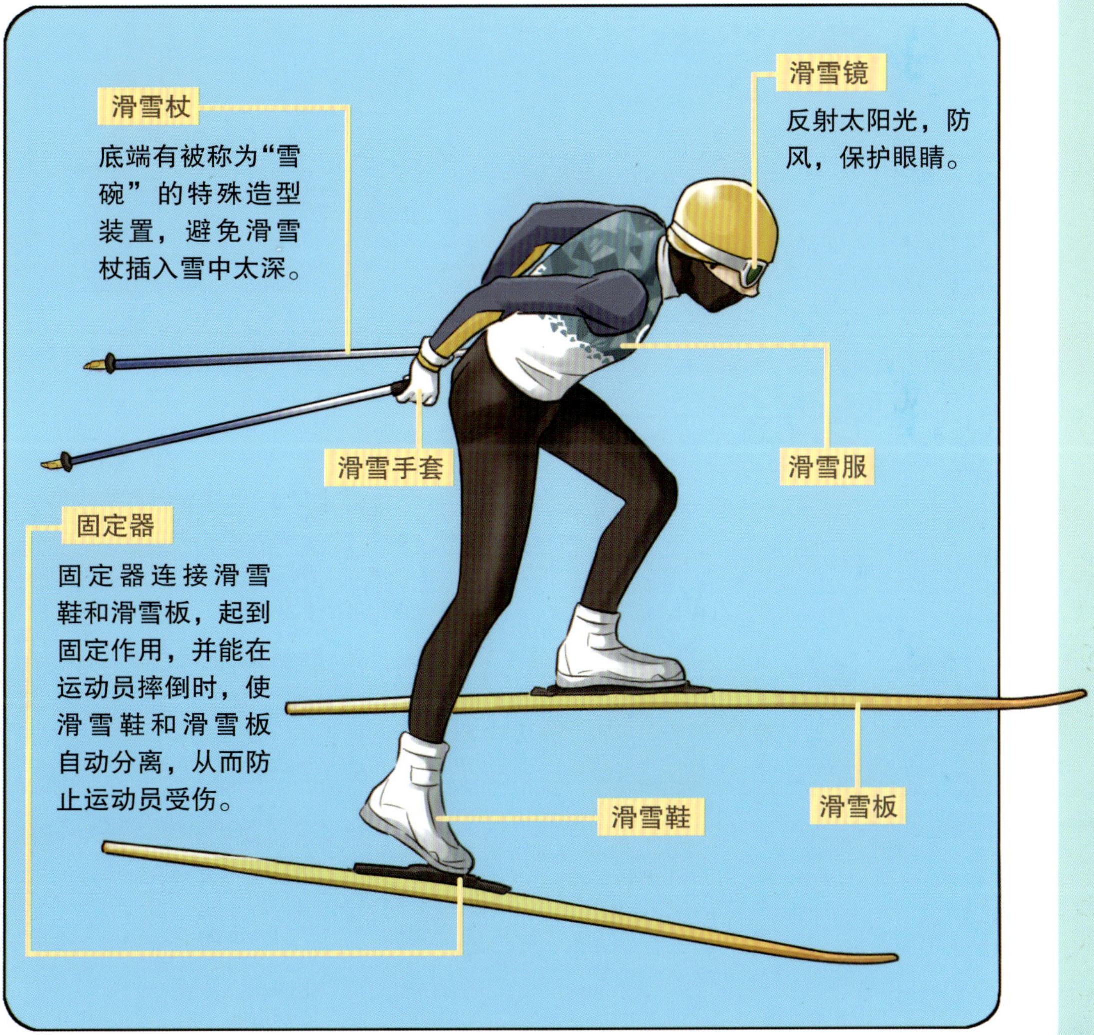

滑雪板

越野滑雪的滑雪板比其他项目的滑雪板要轻、细、长。越野滑雪的滑雪板又分为传统板和自由板，都是2片。传统技术使用传统版，自有技术使用自由板。传统板比自由板更长，中间有明显的弓形弯曲，并且两头打滑蜡，中间打防滑蜡。自由板相对较短，底部全部打滑蜡。

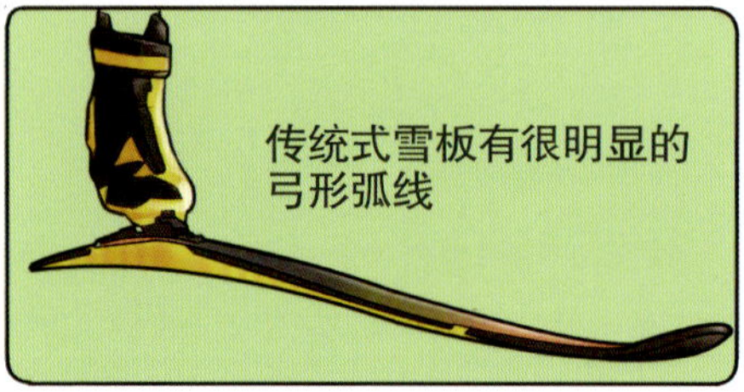

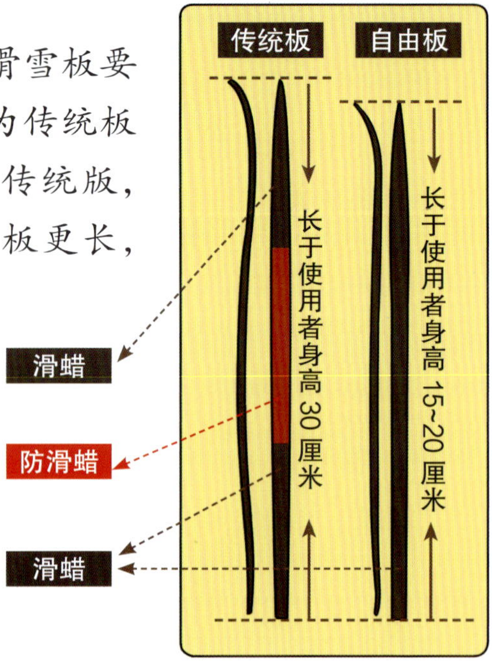

滑雪鞋

越野滑雪的滑雪鞋有传统式、自由式和多用式3种。

传统式滑雪鞋鞋帮比较低，能让脚踝有最大的活动范围，适用于传统技术。自由式滑雪鞋鞋帮高出踝骨，既能形成一定的支撑，又能保证踝关节活动自如，适用于自由技术。

如果不想受项目的限制来选鞋的话，也可以选用多用式滑雪鞋，它适合自由和传统2种技术要求。

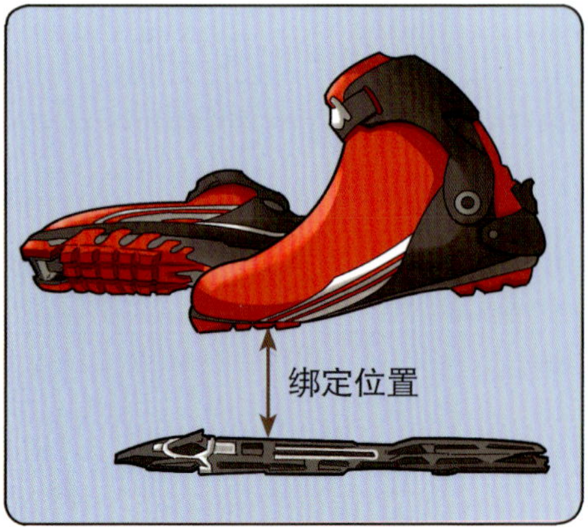

自由式滑雪鞋

为什么越野滑雪又叫北欧滑雪？

越野滑雪起源于北欧，所以又叫北欧滑雪。

据说在1226年的挪威内战时期，两名勇敢的士兵受挪威国王所托，救出了当时的王子哈康四世。他们机智勇敢地将王子藏在怀中，利用桦木做成的滑雪板，长途行军，翻山越岭，摆脱了敌人。

为了纪念这次英勇的行动，挪威现在每年都举行越野马拉松滑雪比赛，赛程与当年两名士兵所滑的路程相同，也是35英里（约56千米）。纵观历届冬奥会越野滑雪奖牌榜，可以看出挪威、瑞典等北欧国家实力非凡。

知识问答

选一选

请在正确答案的序号上画“√”，你还可以在本书中找到相关资料检查一下哟。

北京 2022 年冬奥会越野滑雪项目共产生多少枚金牌？（单选）

A 11 枚

B 12 枚

C 14 枚

越野滑雪的场地必须包括哪几种路面？（多选）

A 上坡

B 平地

C 下坡

越野滑雪滑雪板分为哪两种？（多选）

A 传统板

B 自由板

C 滑转板

北京 2022 年冬奥会越野滑雪中哪些项目的颁奖仪式将在闭幕式上举行？（单选）

A 男子 50 公里和女子 30 公里

B 男子个人短距离和女子个人短距离

C 男子双追逐和女子双追逐

想一想

越野滑雪的传统技术和自由技术有什么区别？

提示：二者对场地的要求不同，技术特点不同，使用的运动装备也不尽相同。

跳台滑雪

项目介绍

跳台滑雪起源于挪威，又称“跳雪”，是一种雪上竞技运动。运动员脚踏滑雪板，沿助滑道飞速下滑，在起跳点腾空，身体在空中沿抛物线飞行直至着陆坡，并滑行到停止区终止。

北京 2022 年冬奥会上，跳台滑雪比赛共产生多少枚金牌？

混合团体项目是北京 2022 年冬奥会首次加入的项目。

男子项目		女子项目		混合团体项目	
个人标准台	x1	个人标准台	x1		x1
个人大跳台	x1				
团体赛	x1				

跳台滑雪的场地有什么特点？

跳台滑雪在国家跳台滑雪中心进行。跳台滑雪的赛道由出发区、助滑道、起跳区、着陆坡、停止区等 5 个区域组成。滑雪路线两侧须有界墙，助滑道宽度不得小于 2.5 米。

国家跳台滑雪中心共设计两条赛道，分别由落差 136.2 米的大跳台赛道和落差 114.7 米的标准台赛道组成。标准台着陆坡的宽度不得小于 7.2 米，大跳台着陆坡的宽度不得小于 9.6 米。

国家跳台滑雪中心是我国首座符合国际标准的跳台滑雪场馆，它的主体建筑灵感来自中国传统饰物“如意”，因此被形象地称作“雪如意”。“雪如意”伫立于银装素裹的山巅，展现出独特的中国韵味。

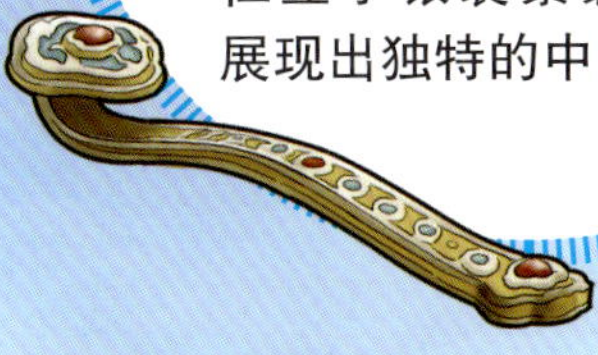

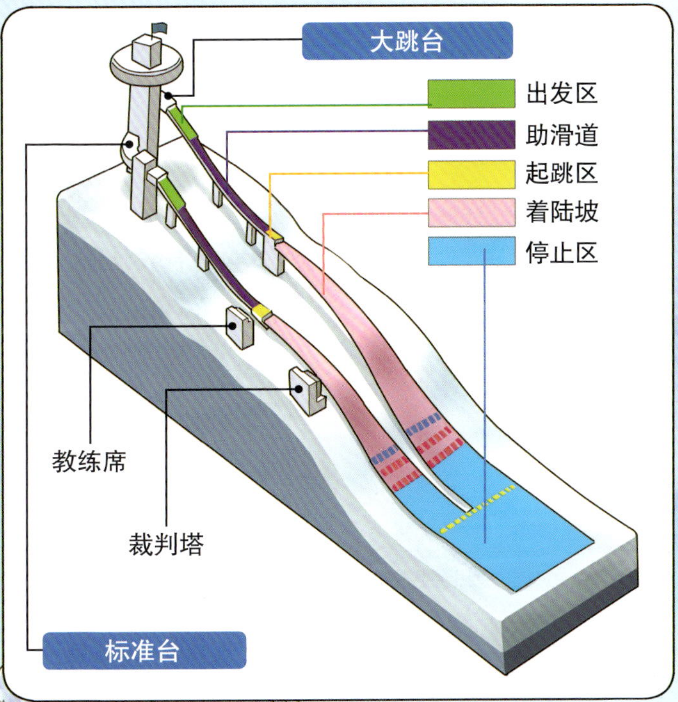

跳台滑雪有什么技术要求？

跳台滑雪以飞行姿势分、距离分、出发门分值和风力补偿分计算总成绩。姿势分由 5 位裁判根据运动员完成动作的准确性、完美性、稳定性以及整体稳定性打分。运动员要取得好成绩，不仅要有良好的心理素质，还要注意滑行速度、起跳的时机和方向等多项技术要点。

助滑

在顺着助滑道的倾斜面前进时，运动员两腿尽量深蹲，上体前倾成流线型姿势，力求与雪面大致平行，以最大限度减小空气阻力。

起跳

起跳是跳台滑雪整个技术动作的关键。起跳不是跳，而是两腿快速下蹬。运动员顺着助滑道快速滑行，一般当滑雪板尖到达台端时立即起跳，上体向前伸展。

因为跳台助滑道的角度及起跳端的仰起角度等不同，加上气温、雪温、风向、风力及雪质等自然条件的差异，跳台滑雪比赛只有最好成绩，没有世界纪录。

着陆

运动员着陆时，滑雪板后跟略微比板尖先着陆，两腿屈膝缓冲，两脚成弓箭步前后分开，身体重量分别落于两脚。两臂左右平伸，以维持身体平衡。

空中飞行

运动员要大胆、沉着、稳定，善于控制滑雪板的空中飞行姿势，上体充分伸展，与滑雪板基本保持平行，两臂伸直贴放于身体两侧。

跳台滑雪需要哪些装备？

跳台滑雪的比赛装备由着装和器材两部分组成。着装主要包括滑雪服、滑雪镜、滑雪头盔、滑雪手套；器材主要包括滑雪板、滑雪鞋和固定器。

势不可当的大满贯运动员

卡米尔·斯托赫于1987年出生在波兰南部的一个小村庄。他3岁学会滑雪，4岁开始接触跳台滑雪，8岁加入了跳台滑雪职业俱乐部，小小年纪就在跳台滑雪领域展示了惊人的天赋。经过日复一日的科学训练，短短几年后，他就开始在世界赛场上崭露头角，之后一举登上了冬奥会的滑雪台。

在索契2014年冬奥会跳台滑雪项目中，卡米尔·斯托赫获得男子个人标准台、男子个人大跳台冠军，成为继马蒂·尼凯宁和西蒙·阿曼后，历史上第3位在同一届奥运会上包揽跳台滑雪男子个人赛2块金牌的运动员。

在平昌2018年冬奥会跳台滑雪男子大跳台个人赛中，卡米尔·斯托赫延续神勇表现，再次夺冠。

知识问答

选一选

请在正确答案的序号上画“√”，你还可以在本书中找到相关资料检查一下哟。

国家跳台滑雪中心有几条赛道？（单选）

A 1条
B 2条
C 3条

跳台滑雪需要掌握哪几种技术？（多选）

A 助滑
B 起跳
C 空中飞行

跳台滑雪比赛有世界纪录吗？（单选）

A 有
B 没有

跳台滑雪中的什么项目是北京2022年冬奥会首次加入的项目？（单选）

A 男子个人大跳台
B 男子团体赛
C 混合团体赛

想一想

你知道国家跳台滑雪中心为什么被称为“雪如意”吗？

提示：国家跳台滑雪中心主体建筑灵感来自中国传统饰物“如意”，因此被形象地称作“雪如意”。

北欧两项

项目介绍

北欧两项是冬奥会开展历史最悠久的项目之一，由跳台滑雪和越野滑雪组成，是挪威、瑞典等北欧国家的传统项目，又叫“北欧全能”。北欧两项既包括跳台滑雪的精彩刺激，又包括越野滑雪的体能挑战，是一项完美展现运动员速度、力量、技巧和耐力的冬季运动，具有很强的观赏性。它是目前为止冬奥会上唯一只设男子比赛的项目，所以又被称为“男子汉的较量”。

北京 2022 年冬奥会上，
北欧两项比赛共产生多少枚金牌？

男子项目	跳台滑雪标准台 + 越野滑雪 10 公里	×1
男子项目	跳台滑雪大跳台 + 越野滑雪 10 公里	×1
团体赛	跳台滑雪大跳台 + 越野滑雪 4×5 公里接力	×1

北欧两项的场地有什么特殊要求？

北欧两项在国家跳台滑雪中心和国家越野滑雪中心进行，比赛场地由跳台滑雪标准台、跳台滑雪大跳台及越野滑雪 2.5 千米场地组成。大跳台高 120 米，标准台高 90 米。

北欧两项有哪些比赛规则？

北欧两项规定先比跳台滑雪，再比越野滑雪，间隔2~3小时。运动员不仅要有跳台滑雪的爆发力、身姿控制能力与跳跃能力，还要有越野滑雪的超强耐力。

个人赛中，运动员先根据抽签或积分排名顺序进行跳台滑雪比赛，每位运动员跳两次，以姿势分和距离分计算运动员的总成绩。跳台滑雪的分数决定接下来越野滑雪的出发顺序和时间间隔。

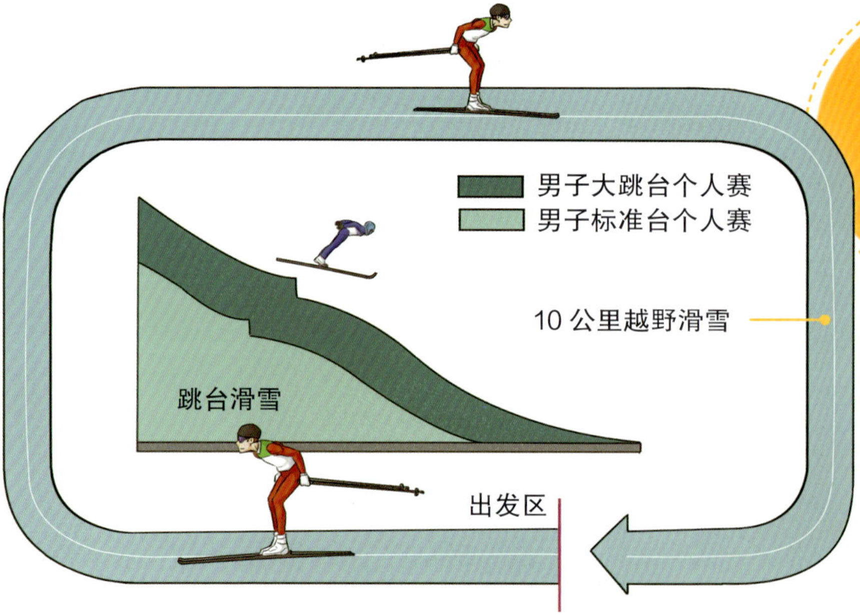

团体比赛每队出4名队员，依出场顺序分别佩戴红、绿、黄、蓝号码布，不可更改。比赛先比跳台滑雪，后比越野滑雪，越野滑雪进行接力赛。

北欧两项有哪些装备？

因为北欧两项是由跳台滑雪和越野滑雪两部分组成的，所以比赛装备与两个单项运动的装备要求一致，没有额外限制。

坚持梦想

2018 年，我国组建了北欧两项运动国家集训队，队伍中大部分运动员都是年轻的“00 后”，还有一位特殊的“老将”——队长孙建平。

孙建平从 2003 年开始长达 6 年的跳台滑雪专项训练，2009 年开始尝试练习北欧两项项目。孙建平在训练中非常自律，虽然他已经是一名 30 岁的老将，但是他的刻苦程度令人惊叹。他每天都早早起床练习，最大限度让自己的体能保持在最佳水平。每次训练结束，他都会在集体放松后再按自己的方式进一步拉伸，以减少伤病的概率。

2019 年 1 月的北欧两项洲际杯芬兰站比赛中，孙建平跳台滑雪排名第 37，越野滑雪排名第 28，最终排名第 35。对于孙建平而言，他朝着首次在冬奥会北欧两项赛场上，将中国运动员风采展现给世界的梦想又近了一步。

知识问答

选一选

请在正确答案的序号上画“√”，你还可以在本书中找到相关资料检查一下哟。

当前冬奥会上唯一只设男子项目的比赛是哪一个？（单选）

A 越野滑雪
B 北欧两项
C 跳台滑雪

关于北欧两项，下面哪一个说法是正确的？（单选）

A 先比越野滑雪再比跳台滑雪
B 先比跳台滑雪再比越野滑雪
C 越野滑雪和跳台滑雪同时进行

北欧两项中的越野滑雪采用什么技术？（单选）

A 自由技术
B 传统技术
C 传统技术和自由技术

北欧两项个人赛中，决定运动员越野滑雪比赛出发顺序和时间间隔的是什么？（单选）

A 跳台滑雪姿势分
B 跳台滑雪距离分
C 跳台滑雪姿势分和距离分

想一想

我国北欧两项运动员孙建平的故事给了你哪些启发？

自由式滑雪

项目介绍

自由式滑雪又被称为“空中舞蹈”，是将高山滑雪和空中技巧相结合的一种观赏性很强的滑雪项目。运动员在专门的滑雪场上完成一系列的规定和自选动作，包括空中技巧、雪上技巧、障碍追逐、U 型场地技巧、坡面障碍技巧、大跳台和空中技巧混合团体等小项。它要求运动员有非常好的平衡能力和空中控制能力。

北京 2022 年冬奥会上，自由式滑雪比赛共产生多少枚金牌？

男子项目	女子项目	混合项目
空中技巧 ×1	空中技巧 ×1	空中技巧 ×1
雪上技巧 ×1	雪上技巧 ×1	
障碍追逐 ×1	障碍追逐 ×1	
U 型场地技巧 ×1	U 型场地技巧 ×1	
坡面障碍技巧 ×1	坡面障碍技巧 ×1	
大跳台（北京赛区）×1	大跳台（北京赛区）×1	

（比赛共产生 13 枚金牌，其中张家口赛区产生 11 枚金牌。）

自由式滑雪男子大跳台、女子大跳台比赛和空中技巧混合团体赛为北京 2022 年冬奥会新增项目。

自由式滑雪的场地有什么特殊要求？

自由式滑雪中的空中技巧、雪上技巧、障碍追逐、U型场地技巧、坡面障碍技巧和空中技巧混合团体项目，在张家口赛区的云顶滑雪公园进行。

空中技巧场地由助滑坡、过渡区、平台区、跳台、着陆坡和停止区组成，场地专门设有3个风向标。

雪上技巧场地多建在陡峭的斜坡上，斜坡上设置许多密集的雪包，赛道上下分别设有2处跳台。

障碍追逐赛道包含回转、跳台、波浪和其他形式地貌。场地上设有旗门，连续旗门有颜色间隔。

U型场地技巧在一个U型雪槽中进行。

坡面障碍技巧赛道包括坡面、跳台、轨道、平台等设置，且最少有2种不同地貌，最少有3个跳台。

大跳台项目在北京赛区的首钢滑雪大跳台进行。

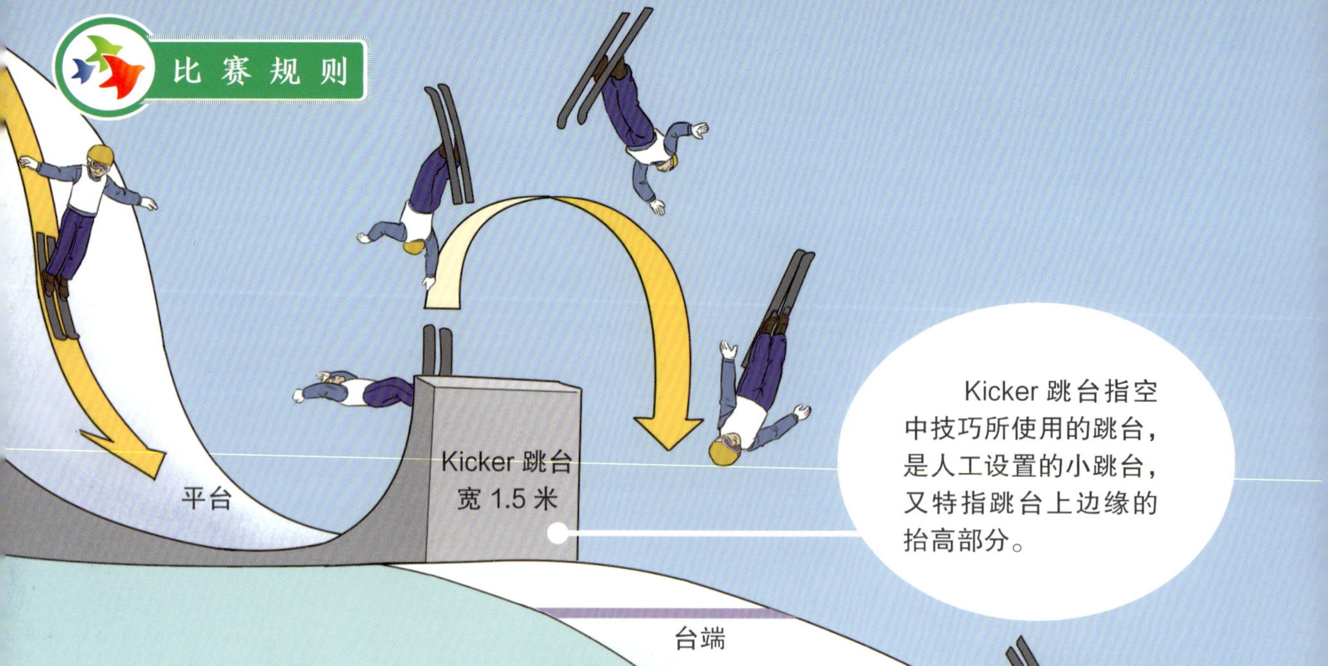

空中技巧

空中技巧要求运动员起跳后，在空中完成各种高难度的翻腾及旋转，然后稳定地落在雪面上。运动员主要的空中造型包括直体 360° 或 720°、身体与地面保持垂直、水平回转 360° 或 720°。裁判按照起跳、空中动作和着陆 3 部分打分。通过预赛来确定进入决赛的运动员，最终合计出各个比赛环节的得分后，确定名次。

雪上技巧

雪上技巧是在设置一系列雪包的陡坡线路上进行回旋动作、空中动作以及滑降的比赛。运动员在比赛时可以从 4 条不同的赛道中挑选 3 条自己喜欢的赛道作为比赛线路。

比赛开始后，运动员需要从一个斜坡上滑下来，然后继续滑过一系列起伏的雪包，在滑的过程中需要表演 2 个跳跃。裁判将运动员回转动作和空中动作的质量分，与比赛用时换算成的速度分相加，来最终评定名次。

障碍追逐是多名运动员在由各种地形地物构成的赛道上追逐的竞速比赛。通过预选赛选出32～36名运动员进入决赛。每组4人，前2名运动员进入下一轮，以此方式进入比赛，最终按照运动员通过终点线的先后顺序依次排名。

U型场地技巧

U 型场地技巧是运动员从 U 型雪槽的斜坡往下滑，并完成空翻、转体、抓板等技术动作的比赛。在一轮比赛中，运动员一般需要在 U 型雪槽内做 5～6 个动作。裁判依据运动员在整个比赛中的动作腾空高度、转体角度及动作的流畅性与美观性等进行评分，运动员出现失误将被扣分。

坡面障碍技巧

坡面障碍技巧是运动员在设有不同障碍（如铁轨、桌子、箱子等各种道具及跳台）构成的赛道上进行表演的比赛。

比赛中，裁判根据运动员通过不同障碍的高度、回转、技巧、难度系数等做出评价。比赛采用淘汰赛制，在半决赛和决赛中，运动员每一轮要完成 2 次比赛。

运动员完成比赛的时间不少于 20 秒。

大跳台

大跳台是在一个有仰角的跳台上，完成跳跃翻转，展现飞行美感的比赛。

比赛时，运动员从最高处助滑区出发，到起跳区起跳，在空中完成空翻、转体、抓板等技术动作，最后到达着陆区。裁判员根据运动员起跳的高度与距离、空中实现技术的难度以及落地滑雪的姿态打分，并通过分数的高低确定进入下一轮比赛的运动员，最终通过决赛确定名次。

自由式滑雪的装备主要包括滑雪服、滑雪头盔、滑雪镜、滑雪靴、滑雪手套、滑雪板和滑雪杖等。

滑雪板：一般男运动员的滑雪板长度不少于190厘米，女运动员的滑雪板长度不少于180厘米。

滑雪杖：长度根据运动员个人身材而定。

雪上公主

李妮娜，1983 年出生于辽宁本溪，曾是中国职业自由式滑雪运动员，中国女子自由式滑雪空中技巧项目的当家“花旦”。

她是我国第 1 个自由式滑雪项目世界杯总决赛冠军，第 1 个获得世界排名第 1 的空中技巧运动员，第 1 个获得世界锦标赛冠军的女运动员。她参加了 2002 年、2006 年、2010 年、2014 年共 4 届冬奥会，蝉联 2005 年、2007 年、2009 年共 3 届世锦赛冠军，被誉为“雪上公主”。她的成功是汗水与泪水浇灌出来的。

知识问答

选一选

请在正确答案的序号上画“√”，你还可以在本书中找到相关资料检查一下哟。

北京 2022 年冬奥会自由式滑雪共产生多少枚金牌？（单选）

A　11 枚

B　12 枚

C　13 枚

北京 2022 年冬奥会自由式滑雪项目在哪里举办？（单选）

A　张家口赛区和延庆赛区

B　北京赛区和延庆赛区

C　张家口赛区和北京赛区

自由式滑雪使用的滑雪板是什么板？（单选）

A　单板

B　双板

C　单板双板均可

自由式滑雪中的什么项目是北京 2022 年冬奥会首次加入的项目？（多选）

A　男子大跳台、女子大跳台

B　空中技巧混合团体

C　雪上技巧混合团体

想一想

自由式滑雪为什么被誉为冰雪项目中的极限运动？

提示：运动员需要做一些高难度的动作，危险性较大，且运动过程容易受场地、气象、器材等影响。

单板滑雪

项目介绍

单板滑雪也称“滑板滑雪”，它以一块滑雪板为工具，利用身体，尤其是双脚来控制运动方向，或在规定的路线上快速回转滑降，或借助特定的U型场地，在空中完成各种高难度动作。

北京2022年冬奥会上，单板滑雪比赛共产生多少枚金牌？

男子项目	女子项目	混合项目
平行大回转 ×1	平行大回转 ×1	
障碍追逐 ×1	障碍追逐 ×1	障碍追逐 ×1
U型场地技巧 ×1	U型场地技巧 ×1	
坡面障碍技巧 ×1	坡面障碍技巧 ×1	
大跳台（北京赛区）×1	大跳台（北京赛区）×1	

（比赛共产生11枚金牌，其中张家口赛区产生9枚金牌。）

障碍追逐混合团体比赛是北京2022年冬奥会新增小项。

单板滑雪的场地是什么样的？

单板滑雪比赛中的平行大回转、障碍追逐、U 型场地技巧、坡面障碍技巧和障碍追逐混合团体共 9 个小项的比赛场地，在张家口赛区的云顶滑雪公园进行；单板滑雪大跳台比赛场地和自由式滑雪大跳台比赛场地一样，在北京赛区的首钢滑雪大跳台进行。单板滑雪在索契 2014 年冬残奥会首次成为正式比赛项目，是残奥会上“资历最浅”的比赛大项。

平行大回转比赛的场地建在山坡上，一般设置18～25组旗门，分为红色旗门和蓝色旗门2条赛道，2条赛道的长度、坡度和旗门高度保持一致。

平行大回转

2 位运动员一起出发，在相邻的 2 条赛道上飞速回转，通过一个个旗门，最先到达终点线的运动员晋级下一轮。过旗门的关键是掌握转弯技术。转弯不只是脚部转动，而是整个身体都要跟着转动。

障碍追逐

运动员在滑行中必须穿越旗门，穿越旗门时要把身体重心放在脚尖，胸部向前挺，迅速穿过，穿过后重心转移到后脚跟。

障碍追逐赛需滑行通过一系列障碍，如波浪道、雪坝、小跳台等。

U型场地技巧

运动员在U型槽内，不停地从一侧滑向另一侧，边滑行边随音乐旋律做各种各样的旋转和跳跃等技术动作，裁判依据运动员完成动作的高度、难度、技巧及整体效果进行评分。

坡面障碍技巧

运动员在滑行中，以回转、旋转、跳跃的方式，通过由多种地形及障碍物组成的赛道。裁判对运动员从起跳到着地的控制能力、动作流畅性和稳定性、动作组合与场地利用情况等进行评分。

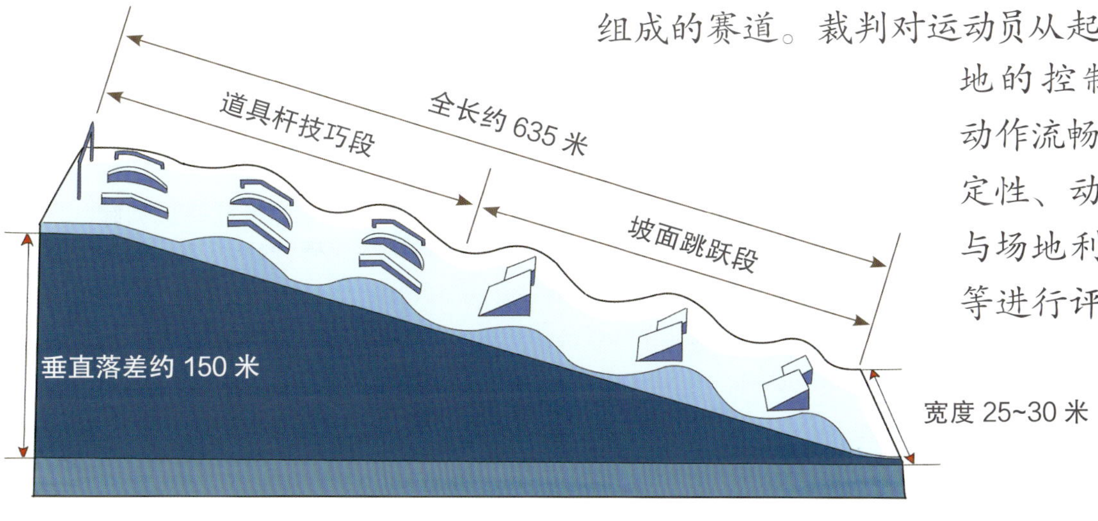

大跳台

运动员采用与坡面障碍技巧类似的滑雪板，从高处滑行而下后，通过大跳台起跳，一飞冲天，完成各种空翻、转体、抓板等技术动作后落地。

运动装备

单板滑雪的滑雪板分几种？

单板滑雪的滑雪板一般分为自由技巧板、自由式滑雪板、竞速滑雪板。

U 型场地技巧、坡面障碍技巧、大跳台所用滑雪板都属于自由技巧板，底部成弧形，具有短、宽、轻、软的特点，易于控制和调整滑雪姿态，利于在复杂地形中完成多种技术动作。

障碍追逐技巧滑雪板为自由式滑雪板，前后端均向上翘起，向前向后都可以滑行。

平行大回转滑雪板为竞速滑雪板，板身较长，结构较硬，使滑雪板在高速运动时能保持稳定，板体、板腰部分较窄，易于小半径转弯和快速滑行时控制。

中国单板第一人

刘佳宇，出生于1992年，在13岁时就获得了她运动生涯的第1个全国冠军。

2008年，在单板滑雪世界杯赛加拿大卡尔加里站上，她夺得了U型场地技巧冠军；2009年，在韩国横城单板滑雪世锦赛上，她获得女子U型场地技巧金牌；2010年，在温哥华举办的冬奥会上，她夺得女子单板滑雪U型场地技巧第4名，实现了中国在冬奥会上该项目的历史性突破；2018年，在瑞士莱克斯滑雪度假区举办的莱克斯公开赛中，她获得女子U型场地技巧冠军；同年，在平昌举办的冬奥会上，她获得了单板滑雪女子U型场地技巧决赛亚军。

相信经验更加丰富的她，在北京2022年冬奥会上也将有出色的表现。

知识问答

选一选

请在正确答案的序号上画“√”，你还可以在本书中找到相关资料检查一下哟。

北京 2022 年冬奥会单板滑雪有多少个小项目？（单选）

A 9 个
B 10 个
C 11 个

单板滑雪平行大回转过旗门的关键技术是什么？（单选）

A 转弯
B 跳跃
C 滑行

单板滑雪的滑雪板一般分为哪几类？（多选）

A 竞速滑雪板
B 自由技巧板
C 自由式滑雪板

下面哪些项目不属于单板滑雪项目？（多选）

A 空中技巧
B 雪上技巧
C 坡面障碍技巧

想一想

20 世纪 60 年代，有人把两片滑雪板绑在一起，做成了一块新的“滑雪板”，两只脚踩在上面进行滑雪，于是单板滑雪这项运动就诞生啦。这个故事带给你什么启发？

冬季两项

项目介绍

冬季两项运动由远古时期猎人滑雪狩猎的活动演变而来，由越野滑雪和射击两种运动项目组成。运动员需要在滑行过程中，在指定的位置完成射击动作，这就要求运动员既要有由动转静的能力，又要有由静转动的能力。

北京2022年冬奥会上，冬季两项比赛共产生多少枚金牌？

男子项目	20公里个人	10公里短距离	12.5公里追逐	15公里集体出发	4×7.5公里接力
	×1	×1	×1	×1	×1
女子项目	15公里个人	7.5公里短距离	10公里追逐	12.5公里集体出发	4×6公里接力
	×1	×1	×1	×1	×1
混合项目	混合接力（女子2×6公里＋男子2×7.5公里）				
	×1				

越野滑雪的高强度体力负荷与细腻精确的射击技术互相转换，使得冬季两项比赛场面精彩纷呈。

冬季两项的场地有什么要求？

冬季两项在国家冬季两项中心举行。冬季两项比赛的线路没有太长、太陡的上坡，也没有难度过大的下坡。赛道的起点、射击场和终点设置在平坦的场地上，并尽量设置在一起。射击场的附近，还设有2条圆形或椭圆形的雪道。这条线路使所有靶位上的运动员都会滑行相等的距离，确保比赛公平公正。

冬季两项有什么规则？

比赛时，运动员身背小口径步枪，脚踩滑雪板，手拿雪杖，每滑一段距离就要停下进行一次射击，再由射击转换到滑行，每次竞赛有2～4次的转换过程。射击不中还会有惩罚，比赛成绩根据到达时间和射击情况决定。

冬季两项射击动作包括立姿射击和卧姿射击2种姿势。残奥会冬季两项依据滑雪距离和残疾类别设置比赛项目，视障运动员依靠声音信号辅助判断射击时机。

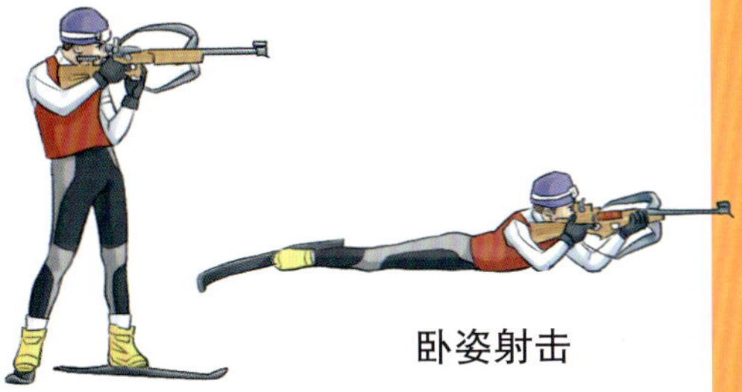

卧姿射击

立姿射击

冬季两项被称为“动”与“静”的完美结合，要求运动员在高速滑行途中，停下来冷静地射击，这与我们常说的“动如脱兔，静若处子”有异曲同工之妙。

运动装备

冬季两项的主要装备有哪些？

除了滑雪帽、滑雪服、滑雪杖、滑雪板、滑雪鞋和滑雪手套等滑雪常规装备外，冬季两项的主要装备还有必不可少的步枪。

比赛采用5.6毫米小口径专用步枪，重量一般不超过3.5千克。只用一根手指前后拨动，就可以完成子弹的退壳、上膛。

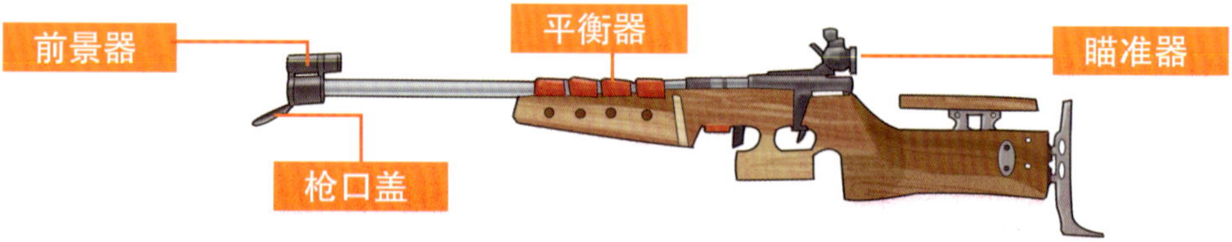

赛场故事

险些丢失的“金牌”

索契2014年冬奥会上，挪威运动员艾米尔·海格勒·史维德森在冬季两项比赛中拿到了称得上最“惊险”的一块金牌。

在比赛的最后阶段，其实已经是法国运动员福卡德和史维德森的较量。在冲刺阶段，福卡德稍稍领先，但史维德森用尽全力在最后几百米时超过了福卡德滑到终点线前。此时，史维德森认为自己马上就要获得冠军了，福卡德却突然从侧面蹿出，迈出左腿冲过了终点线。两人最终同样以42分29秒1的成绩冲过终点线。

裁判最后用高倍数相机拍摄的照片来确定他们两个谁先冲过终点，最终因为史维德森的一个脚尖最先冲过终点，从而判定他赢得了比赛。

知识问答

请在正确答案的序号上画“√”，你还可以在本书中找到相关资料检查一下哟。

北京2022年冬奥会冬季两项共产生多少枚金牌？（单选）

A 9枚
B 10枚
C 11枚

冬季两项由哪两个运动项目组成？（多选）

A 越野滑雪
B 跳台滑雪
C 射击

下面哪项装备是冬季两项独有的？（单选）

A 滑雪杖
B 步枪
C 滑雪鞋

冬季两项有哪两种射击动作？（多选）

A 立姿射击
B 卧姿射击
C 侧身射击

阅读了冬季两项小故事后，你有什么感想？和家长或同学聊一聊吧。

北京冬奥会与奥运遗产

奥运会除了在比赛期间能给我们带来精彩的赛事、感动的故事外，还会给我们留下宝贵的奥运遗产。

什么是奥运遗产？

奥运遗产就是在申办、筹办和举办奥运会的过程中产生的有助于奥林匹克运动的普及、促进城市发展和造福大众的有形和无形财富的总和。

奥运遗产有哪些？

从遗产形态的角度，可分为有形遗产和无形遗产。

从宏观的角度，可分为物质遗产和精神遗产。

从微观的角度，可分为体育遗产、社会遗产、文化遗产、经济遗产、环境遗产、城市遗产等。

北京 2008 年奥运会形成了哪些重要的物质遗产？

奥运场馆及设施 国家体育场（鸟巢）、国家游泳中心（水立方）、国家网球中心、国家会议中心及奥林匹克森林公园等。

奥运标志及实物 北京奥运会会徽、吉祥物、火炬、奖牌、体育图标等。

奥运科技成果 国家体育场（鸟巢）钢结构设计、国家游泳中心（水立方）膜结构建设、数字高清电视转播技术、奥运火炬低温低氧燃烧技术等项目。

北京 2008 年奥运会形成了哪些重要的精神遗产？

三大理念 绿色奥运、科技奥运、人文奥运

北京奥运精神

志愿服务精神

助残扶残社会风尚

……

北京 2022 年冬奥会遗产分为哪 7 类？

体育遗产、经济遗产、社会遗产、文化遗产、环境遗产、城市发展遗产、区域发展遗产。

什么是“双奥遗产”？

北京是迄今为止世界上第 1 个既举办了夏奥会，又举办冬奥会的城市，被称为“双奥城市”。举办夏奥会和冬奥会形成的丰富的奥运遗产，被称为“双奥遗产”。

北京 2022 年冬奥会将会形成哪些重要的遗产？

绿色办奥，共享办奥，开放办奥，廉洁办奥的办奥理念；带动三亿人参与冰雪运动；京张体育文化旅游带……

京张高速铁路、国家速滑馆、国家高山滑雪中心、国家雪车雪橇中心、国家越野滑雪中心、国家冬季两项中心等。

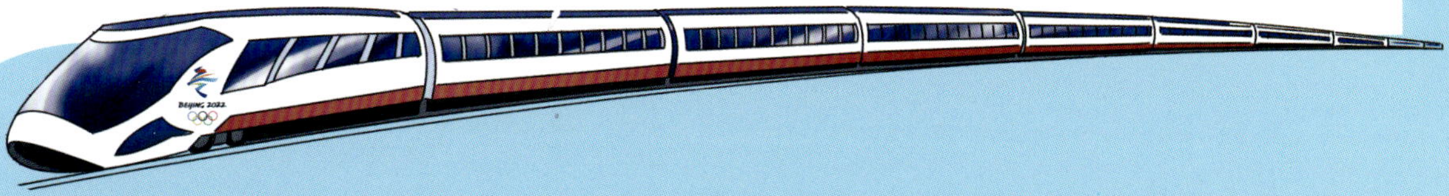

北京冬奥会三大赛区呈现出怎样的生机和面貌？

作为北京冬奥组委办公区和滑雪大跳台场馆所在地，首钢老工业区有机更新，努力实现文化复兴、产业复兴、生态复兴、活力复兴；延庆区通过推动“世园”“冬奥”“长城”3张金名片联动发展，大力发展特色文化体育旅游产业，促进城市绿色发展，打造生态涵养区建设新样板；张家口市加速推进基础设施建设，改善生态环境，进一步发展冰雪旅游等相关产业，使当地群众获得了更多的就业和发展机会，生活水平获得了显著提升。

赛后，冬奥场馆将如何利用？

这些场馆将聚焦群众体育健身需求，长久造福大众。北京赛区的国家速滑馆赛后将常年举办各种冰上赛事，广泛开展群众冰雪运动，成为北京市民参与体育运动的多功能场馆；延庆赛区的国家高山滑雪中心、国家雪车雪橇中心赛后都将继续作为比赛场地，用于承接和举办各类高级别相关赛事，同时为国家队提供专业的训练场地，为群众提供舒适且富有趣味性的滑雪运动场地。

全国已建成了多少冰雪场地设施？创办了哪些冰雪品牌活动？

截至2021年初，全国已建成654座标准冰场、803座室内外各类滑雪场。创办了“全国大众冰雪季”“全国欢乐大众冰雪周”等群众性冰雪品牌活动，命名了千余所青少年校园冰雪运动特色学校，为大众参与冰雪运动创造了良好的条件。

基础设施的建设为我们的生活提供了哪些便利?

北京冬奥会建设开通了京张高速铁路，北京清河站至延庆站仅需要 20 分钟，北京清河站至张家口太子城站仅需要 50 分钟，大大缩短了北京到延庆、张家口之间的通行时间，为大众健身、休闲、旅游等绿色出行提供便利。

举办冬奥会，对青少年的意义是什么?

北京市中小学生奥林匹克教育及冰雪进校园系列活动覆盖全市近 200 所中小学的近 20 万中小学生及教师。张家口市大力普及推广奥林匹克教育，倡导“课堂教学 + 户外实践”的青少年冰雪运动普及模式，连续 3 届组织“万名中小学生冰雪体验活动”，约 7 万名小学生参与冰雪运动，极大地推动了奥林匹克教育和冰雪运动的普及。

冬奥会对社会文明程度的影响是什么?

北京冬奥会大力实施北京冬奥会社会文明行动计划和志愿服务行动计划，全社会积极参与冬奥会筹办工作的氛围日渐浓厚，全社会文明程度显著提升。城市无障碍设施进一步完善，极大地方便了残疾人工作和生活。

截至 2020 年底，北京市通过“志愿北京”信息平台实名注册的志愿者人数突破 443.6 万人，实名注册志愿者达常住人口的 20.6%。截至 2021 年 6 月，冬奥会赛会志愿者报名人数达 110 万。志愿服务，真心相助，残疾人与健全人和谐共融，让大众生活更加美好。

北京奥运城市发展促进会以“传承奥运遗产，促进城市发展”为宗旨，弘扬奥林匹克精神，传承北京夏奥会和冬奥会形成的“双奥遗产”，促进北京及京津冀区域可持续发展。

北京奥运城市发展促进会
http://www.beijing2008.cn/

图书在版编目（CIP）数据

探秘北京冬奥会. 雪舞崇礼 / 谢军总主编 ; 鹿志海主编. -- 北京 : 中国少年儿童出版社, 2021.10
ISBN 978-7-5148-6905-7

Ⅰ. ①探… Ⅱ. ①谢… ②鹿… Ⅲ. ①冬季奥运会－北京－少儿读物 Ⅳ. ①G811.212-49

中国版本图书馆CIP数据核字(2021)第152874号

TANMI BEIJING DONGAOHUI
XUE WU CHONGLI

出版发行：中国少年儿童新闻出版总社 中国少年儿童出版社
出 版 人：孙 柱
执行出版人：张晓楠

责任编辑：郭 琼 李海艳　　责任校对：赵 妮
美术编辑：张 璐　　助理校对：高益帆
绘 画：赵 川　　责任印务：李 洋
封面设计：张 璐

社 址：北京市朝阳区建国门外大街丙12号　邮政编码：100022
编 辑 部：010-57526817　总编室：010-57526070
客 服 部：010-57526258　官方网址：www.ccppg.cn

印刷：三河市中晟雅豪印务有限公司

开本：787mm×900mm 1/16　印张：4
版次：2021年10月第1版　印次：2021年10月河北第1次印刷
字数：80千字　印数：10000册

ISBN 978-7-5148-6905-7　定价：30.00元

图书出版质量投诉电话010-57526069，电子邮箱：cbzlts@ccppg.com.cn